고정욱 선생님이 들려주는

세종대왕

산하인물이야기

고정욱 선생님이 들려주는 세종대왕

제1판 제1쇄 발행일 2003년 10월 30일
개정판 제1쇄 발행일 2015년 5월 8일
개정판 제7쇄 발행일 2024년 10월 1일

고정욱 글 | 이강 그림

펴낸이 · 곽혜영
주　간 · 오석균
편　집 · 최혜기
디자인 · 소미화
마케팅 · 권상국
관　리 · 김경숙
펴낸곳 · 도서출판 산하 | 등록번호 · 제2020-000017호
주소 · 03385 서울특별시 은평구 연서로26길 27. 대한민국
전화 · (02)730-2680(대표) | 팩스 · (02)730-2687
홈페이지 · www.sanha.co.kr | 전자우편 · sanha0501@naver.com

글ⓒ고정욱. 2006 | 그림ⓒ이강. 2006

ISBN 978-89-7650-461-6　74810
ISBN 978-89-7650-610-8　(세트)

＊이 도서의 국립중앙도서관 출판시도서목록(CIP)은 e-CIP홈페이지(http://www.nl.go.kr/ecip)와
　국가자료공동목록시스템(http://www.nl.go.kr/kolisnet)에서 이용하실 수 있습니다. (CIP제어번호 : CIP2015011823)
＊이 책은 저작권법에 따라 보호받는 저작물이므로 무단 전재와 무단 복제를 금합니다.
＊8세 이상 어린이를 위한 책입니다.

고정욱 선생님이 들려주는

세종대왕

고정욱 글 · 이강 그림

산하

| 들어가는 말 |

우리 겨레의 한글을 만든 세종대왕

어린이 여러분, 안녕하세요?

그동안 '고정욱 선생님이 들려주는 인물 이야기'를 사랑해 주어서 참 고맙습니다. 우리보다 먼저 살다 간 조상들의 이야기를 읽게 되면 배울 점이 무척 많습니다. 어떤 어려움과 힘든 일이 있어도 이를 극복하고 열심히 살았던 조상들의 용기와 지혜는 오늘을 살아가는 우리에게도 값진 교훈이 된답니다.

이번에 들려줄 인물인 세종은 우리 역사에서 가장 위대한 임금이었다고 할 수 있습니다. 그런 까닭에 나중에 세종대왕으로 높여 부르게 된 거지요. 스물두 살의 나이에 조선의 제4대 임금이 된 세종대왕은 우리나라의 영토를 넓혀 압록강에서 두만강으로 이어지는 오늘날의 국경을 지켜 냈으며, 농업을 장려하여 백성들의 생활을 넉넉하고 풍요롭게 했습니다. 또한 해시계와 물시계, 측우기와 혼천의 같은 과학 기구들을 발명하게 된 것도 세종대왕 때의 일입니다. 그 시절 우리

나라의 과학은 세계에서도 으뜸가는 수준이었다고 하니, 참으로 자랑스러운 일이 아닐 수 없지요.

그러나 세종대왕의 업적 가운데 가장 큰 것은 우리 고유의 글자인 한글을 만든 일입니다. 우리 조상들은 한글을 쓰기 전에는 중국의 한자를 빌려 사용했습니다. 하지만 한자는 모양도 복잡하고 글자 수도 너무 많아서, 교육을 많이 받지 않은 평범한 백성들은 이를 깨우치기가 쉽지 않았습니다. 이에 세종대왕은 성삼문, 정인지, 신숙주 등 젊은 학자들로 하여금 훈민정음을 만들게 하고, 널리 알렸습니다. 훈민정음은 '백성을 가르치는 바른 소리'라는 뜻을 가지고 있는데, 오늘날 우리는 이를 한글이라고 바꿔 부르고 있지요.

세종대왕이 이룩한 업적은 이 밖에도 많지만, 그중에서도 가장 훌륭한 것은 백성들을 사랑하던 어질고 따뜻한 마음이었습니다. 다른 사람들을 진정으로 아끼고 위하는 마음이야말로 우리가 본받아야 할 자세일 것입니다. 나는 여러분도 세종대왕처럼 자신의 소중한 꿈과 소망을 이루기 위해 열심히 노력해 주기를 바랍니다. 그러기 위해서는 먼저 몸과 마음을 건강하게 지켜 나가는 것이 중요하다는 점을 잊어서는 안 되겠지요.

꽃들이 환하게 핀 봄날에

고정욱

| 차 례 |

들어가는 말
우리 겨레의 한글을 만든 세종대왕 ● 04

스스로 오랑캐가 되시렵니까 ● 08

너무나도 다른 세 왕자 ● 16

충녕에게 세자 자리를 줘라 ● 29

임금이 되어야만 효도하는 거라니 ● 37

왜구를 뿌리 뽑기 위해 대마도를 쳐라 ● 48

음악을 바로잡아 나라의 근본을 세우라 ● 61

과학과 농업을 발전시켜 백성들을 배부르게 하라 ● 73

새로이 문자를 만들었으니 널리 쓰게 하라 ● 83

한글로 쓰여진 최초의 책 - 용비어천가 ● 98

세종대왕 연보 ● 102

바른 우리말을 배울 수 있는 누리집 ● 103

스스로 오랑캐가 되시렵니까

"전하, 집현전(고려와 조선 초기의 학문 연구 기관) 부제학 최만리와 다른 학사들이 들었사옵니다."

문밖에 서 있던 내시가 길게 목소리를 내며 아뢰었습니다. 그 말을 들은 세종은 얼굴이 굳어졌습니다. 드디어 올 것이 왔기 때문입니다.

세종이 백성들을 위해 훈민정음을 만든 것은 두어 달 전의 일입니다. 신하들 가운데에는 훈민정음을 만든 일에 반대하는 사람들이 많았습니다. 그들은 의견을 모아 임금에게 상소문을 올렸습니다. 그 일로 세종은 무척 마음이 괴로웠습니다.

"들라 이르라!"

세종이 근엄한 목소리로 허락하자, 방문이 열리고 최만리를 비롯한 몇몇 신하들이 들어와 절을 하고 자리를 잡았습니다.

"전하, 요즘 건강은 어떠신지요?"

신하들은 먼저 임금의 건강을 걱정하며 물었습니다. 세종은 오래전부터 건강이 좋지 않았습니다. 늘 목이 마르고 땀을 흘렸으며, 조금만 무리를 해도 눈이 안 보이고 침침했습니다. 어려서부터 몸을 돌보지 않고 건강을 해칠 정도로 책을 많이 읽었기 때문입니다. 하지만 신하들 앞에서 약한 모습을 보일 수는 없었습니다.

"그대들이 염려해 주는 덕분에 아주 좋소. 요즘 온천을 자주 다녀서 그런 모양이오."

"전하가 건강하셔야 백성들에게도 복이옵니다."

"고맙소. 그나저나 무슨 일로 오신 게요?"

왕이 먼저 말문을 열자, 상소를 올린 최만리가 잠시 머뭇거리다가 떨리는 목소리로 말했습니다.

"아뢰옵기 황송하오나, 소신들이 올린 글을 보셨는지요?"

"잘 읽었소. 과인이 훈민정음을 만든 뜻을 그대들이 잘 알 텐데, 왜 그렇게 반대를 하는 게요?"

최만리는 기다렸다는 듯 말문을 열었습니다.

"우리 조선은 오래전부터 중국을 섬기며 살아왔습니다. 그런데 갑자기 우리 문자를 만드시어 무척 놀랐습니다. 한자를 버리고 새 문자를 만든다는 사실을 중국에서 알게 되면 불쾌해하지 않겠습니까?"

세종은 눈을 감고 최만리의 말을 묵묵히 들었습니다.

"과거 역사를 살펴보면 자기네 문자가 따로 있던 나라가 없었던 건 아닙니다. 몽고라든가 여진이나 왜 같은 나라도 자기네 문자가 있지만, 모두 오랑캐입니다. 우리가 그들처럼 될 수는 없는 노릇입니다. 중국은 우리나라를 작은 중국이라고 칭찬해 주고 있는데, 이제 우리의 문자를 만들면 우리도 오랑캐가 되는 것이나 마찬가지입니다."

그 말을 듣는 순간, 세종은 눈을 번쩍 떴습니다. 눈이 빨개져 있었습니다. 화가 머리끝까지 났기 때문입니다.

"나는 백성들을 도우려고 훈민정음을 만든 것이오."

그러나 이 정도로 물러설 최만리가 아니었습니다.

"만일 훈민정음을 세상에 내놓으시면, 백성들이 한자 공부는 하지 않고 새 문자만 익히려 들 것입니다. 그렇게 되면 옛 성현들의 글을 알지 못해 어리석어집니다. 사람들이 옛것을 멀리하면서 새것만 좋아하는 것은 골칫거리입니다."

"한 번 더 말하지만 어려운 한자 대신 배우기 쉬운 우리 문자를 익혀서 쓰는 것이 백성들의 생활을 더 편안하게 만드는 길이오. 그대는 말소리에 관해 연구한 책을 읽어 보았소?"

임금이 던진 날카로운 질문에 최만리는 당황했습니다.

"아. 아니옵니다."

최만리는 오래도록 한문으로 된 성리학(인간의 마음과 자연이 어떻게 생긴 것인가 하는 문제들을 연구한 유학의 한 갈래) 책만 읽어서 언어나 그 밖의 다른 분야에 대해서는 잘 몰랐습니다. 그러니 세종의 질문에 대답할 수가 없었습니다.

"그대 같은 이 나라 최고 학자도 말과 글에 대해 아는 것이 없는데. 임금인 내가 그것을 바로잡지 않으면 누가 바로잡겠소?"

"……."

"그대도 알다시피. 나는 평생 책을 읽고 성현의 가르침을 받들고자 한 사람이오. 그런데도 내가 옛것을 싫어하고 새것만 좋아하는 것처럼 보이오?"

최만리는 순간 눈앞이 아찔했습니다. 세종이 자신의 실수를 제대로 꼬집었기 때문입니다. 세종은 정말 누구보다 책을 많이 읽었고 여러 방면에서 모르는 것이 없는 뛰어난 학자인데. 그런 말을 했으니 등골이 오싹할 수밖에 없었던 것입니다.

"그런 게 아니옵고……."

"상소문에서는 내가 훈민정음을 만든 것을 무슨 잔재주라도 부리는 듯 썼던데. 아무리 내가 경들의 말을 잘 들어준다고는 해도 이건 지나친 것 같소."

"화. 황공하옵니다. 하오나 문자를 새로 만드는 일은 중국에 부끄럽지 않도록 신중해야 할 일이옵니다. 백 년이 걸려서라도 찬찬히 할 수 있사옵니다. 그런데 문자를 만들어 이처럼 급하게 알리시려 하니 심히 걱정스럽습니다."

세종은 최만리가 여전히 생각을 바꾸지 않는 것을 보고는 고개를 돌렸습니다.

"무엇이 중요한지 모르는 그대들이 딱할 뿐이오. 그대들은 무엇을 위해 학문을 하오? 참으로 한심한 선비들이구려."

"……."

방 안에 있던 최만리와 신하들은 모두 꿀 먹은 벙어리가 되고 말았습니다. 혹 떼러 왔다가 혹 붙인 격이 되었기 때문입니다.

"여봐라, 이 자들을 의금부(조선 시대에 임금의 명을 받들어 죄인을 조사하는 일을 맡아 하던 기관)에 가두어라!"

임금의 명령이 떨어지기 무섭게 포도 군사들이 들어와. 신하

國之語音 이 異乎中國 하야 與文字로 不相流通 할새

나랏말ㅅ미 中듕國귁에 달아 文문字ㅈ와로 서르 ᄉᆞᄆᆞᆺ디 아니ᄒᆞᆯᄊᆡ

與영는 이와 뎌와 ᄒᆞᄂᆞᆫ 겨체 ᄡᅳ는 字ㅈ 히라 文문은 글와라

異ᅌᅵ 乎ᅘᅩᇰ 中듕國귁 與영 文문字ᄍᆞᆼ로 不븛 相샤ᇰ流류通

들을 모두 의금부로 끌고 가서 가두었습니다.

마음을 가라앉힌 뒤 세종은 다시 명령을 내렸습니다.

"그자들이 어리석어 안목이 짧을 뿐이니 그걸 어찌 죄라 할 것이냐? 다들 겁만 주고 내일 풀어 줘라."

"예."

내시가 명령을 받고 물러가자, 세종은 지끈거리는 머리를 손으로 감쌌습니다. 백성들을 위해 오랜 시간 애를 써서 문자를 만들었건만, 가까운 신하들조차 반대를 하고 나서니 답답할 뿐이었습니다.

"아아, 나라를 부강하게 만들고 백성들을 잘살게 하는 것은 참으로 어려운 일이로구나."

참다운 왕의 길을 고민하는 이 사람은 우리 역사에서 가장 훌륭한 임금이며 학자였던 세종대왕이었습니다.

너무나도 다른 세 왕자

"아바마마, 그간 안녕하셨습니까?"

열두 살의 어린 세자 양녕대군이 태종에게 큰절을 올렸습니다.

"오냐, 그동안 잘 있었느냐?"

"예. 외가댁 식구들이 잘 돌봐 주었습니다."

조선의 세 번째 임금인 태종은 조선을 세운 태조 이성계의 아들인 이방원입니다. 이성계는 나라를 세우고 얼마 되지 않아 지금의 서울에 해당하는 한양으로 도읍을 옮겼습니다. 그러나 왕자들이 서로 다투는 꼴이 보기 싫어, 고려의 도읍이었던 개성으로 돌아가 버렸습니다. 아직 임금이 아니었던 이방원은 맏아들인 양녕을 부인 민씨에게 맡기고, 아버지를 따라 개성으로 갔습니다.

　태종은 1400년에 아버지 태조와 형인 정종의 뒤를 이어 왕이 되었습니다. 그리고 왕위 다툼으로 어지러웠던 조정과 흩어진 민심을 한데 모으기 위해 5년 뒤에 도읍을 다시 한양으로 옮겼습니다. 그런 다음, 떨어져 살던 맏아들 양녕을 궁궐로 부른 것입니다.

　"너를 개성으로 데려가지 못하고 외가에 맡긴 게 늘 마음에 걸렸는데, 어느덧 늠름하게 잘 자랐구나."

　태종은 양녕이 활달하게 잘 자란 것이 기특하기만 했습니다. 그러나 이런 마음은 아침밥을 함께 먹으면서 이내 바뀌었습니다.

　"와그작와그작, 후루룩!"

　양녕은 태종과 마주 앉은 자리인데도 조심성 없이 밥을 먹었습니다. 닭다리를 손으로 잡아 뜯는가 하면, 국물도 소리 나게 들이켰습니다.

"너는 한 나라의 세자가 아니더냐. 그런데 왜 이리도 버릇이 없느냐?"

아버지 태종이 양녕을 나무랐습니다.

"……."

머뭇거리던 양녕이 대답을 하기 위해 입을 열자, 잘게 으깨진 고깃점이 튀어나왔습니다. 그걸 본 태종은 못마땅해서 조용히 밥숟가락을 놓았습니다. 그런 태도는 세자의 몸가짐이 아니기 때문입니다.

그날 밤, 창덕궁 깊은 방에서는 태종과 원경왕후의 대화가 이어졌습니다.

"효령이나 충녕은 아직 어려도 내가 품 안에서 길러서인지 궁중 예절을 잘 알건만, 큰아들인 양녕이 걱정이오. 명색이 세자인데……."

"아마도 외할아버지나 외삼촌들이 귀엽다고 오냐오냐 하면서 버릇없이 키운 모양입니다. 하지만 이제부터라도 궁에서 교육을 받으면 나아지지 않겠습니까?"

어머니 원경왕후는 민망한 얼굴로 다시 덧붙여 말했습니다.

"그래도 양녕이 맏아들입니다. 이젠 더 이상 형제끼리의 다툼이 없어야 한다고 하지 않으셨습니까?"

"그건 그렇소만……."

태종의 아버지인 이성계는 왕위를 맏아들이 아니라, 귀여워하던 막내아들에게 물려주려고 하였습니다. 그러자 형들이 가만히 있지 않았습니다. 이렇게 해서 형제들 사이에서 왕위 다툼이 일어났던 것입니다. 태종 또한 형제들을 죽이거나 내쫓고 나서 왕의 자리를 차지할 수 있었습니다. 그래서 자기만큼은 맏아들에게 자리를 물려주어 다시는 그런 불행이 일어나지 않도록 하겠다고 말해 왔습니다.

"나는 반드시 맏아들에게 왕위를 물려주겠다. 형제끼리 피비린내 나는 다툼은 더 이상 없어야 한다."

그러나 한번 잘못 든 양녕의 버릇은 쉽게 고쳐지지 않았습니다. 예의를 차리지 않고 자유롭게 생활하던 습관을 궁에 들어와서도 버리지 못했던 것입니다. 태종은 이러지도 저러지도 못하는 심정이 되고 말았습니다.

"세자 저하, 조시면 아니 되옵니다."

책을 읽다가 졸려서 계속 고개를 꾸벅거리는 양녕에게 스승인 서연관(조선 시대에 왕세자를 맡아 가르치던 벼슬) 이래가 말했습니다. 하루 종일 임금이 되기 위한 공부를 해야 하는 것이 세자의 일이었지만, 양녕은 공부에 도통 관심이 없었습니다. 그러니 이래는 늘 울상이었습니다.

"잡았다!"

한참을 졸던 양녕이 정원에서 나는 푸드덕 소리에 눈을 번쩍 뜨더니, 책을 내팽개치고 방을 뛰쳐나갔습니다. 몰래 놓아둔 덫에 박새 한 마리가 걸려들었습니다.

"세자 저하, 이러시면 아니 되옵니다."

이래가 달려 나와 양녕을 말렸지만, 소용없는 일이었습니다.

"저는 새나 잡고 노는 게 공부하는 것보다 훨씬 좋아요. 그러니 스승님이 저를 어찌하시겠습니까?"

그러나 동생인 효령과 충녕은 달랐습니다. 어려서부터 궁에서 자라서인지, 예절과 법도에 한 치도 어긋남이 없었습니다. 동생들은 형인 양녕하고도 우애가 두터웠습니다.

둘째 효령은 활쏘기와 무예에 뛰어났지만, 책 읽는 것도 좋아

했습니다. 게다가 성격이 부드럽고 너그러워서, 누구나 효령을 칭찬했습니다.

태종은 그런 효령이 마음에 들었습니다.

'효령에게 임금의 자질이 있는 건 아닐까?'

태종은 효령을 눈여겨보았습니다. 이것저것을 고르게 잘하는 둘째 아들이라면 임금을 시켜도 무난하게 나라를 이끌어 갈 것 같았기 때문입니다.

"자, 너도 술을 한잔 받아 보아라."

어느 날, 저녁 자리에서 태종은 효령에게 술을 건넸습니다.

"감사하옵니다, 아바마마."

효령은 태종이 따라 주는 술잔을 조심스럽게 받아 들어 고개를 돌리고 마셨습니다.

"어떠냐? 먹을 만하냐?"

"예, 술이 아주 향기롭사옵니다."

"모름지기 한 나라의 임금이라면 술도 적당히 마실 줄 알아야 한다. 그래야 신하들과 마음속 깊은 이야기도 나눌 수 있지. 무엇보다도 중국에서 사신이 오면 상대를 해야 하는데, 중국 사람들은 워낙 독한 술을 먹기 때문에 그들을 상대하려면 술을 잘 마셔야 하느니라."

"예. 이 정도는 끄떡없습니다."

말은 그렇게 했지만, 효령은 이내 얼굴이 화끈화끈 달아오르기 시작했습니다.

"아니, 그 정도 술을 마시고 취하는 게냐?"

"그게 아니옵고……."

말을 채 마치지도 못하고 효령은 그 자리에서 푹 고꾸라졌습니다.

"어허, 저런. 효령은 술을 못 마시는 체질이로구나."

언제나 자기를 따라 사냥터에 다니던 아들이 술을 못하다니, 태종은 아쉬웠습니다. 태종이 생각하기에, 술을 못하고 마음이 약한 것은 임금의 자질에 크게 못 미치는 것이었습니다.

그와 달리 충녕은 무술에 별 관심이 없었습니다. 하지만 어려서부터 책 읽고 글 쓰는 것을 즐겨서 총명하기 이를 데 없었습니다. 때로는 스승도 너무 어려운 질문을 받고 진땀을 흘릴 정도였습니다. 충녕의 총명함과 학문의 깊이는 자랄수록 따를 자가 없었습니다. 단지 흠이라면 몸이 약하다는 것이었습니다.

"전하, 충녕 왕자님의 몸이 쇠약한 원인을 알았사옵니다."

어느 날, 의관이 태종에게 아뢰었습니다. 그 얼마 전에 태종은 의관에게 충녕의 몸을 잘 살피라고 명령을 내렸습니다.

"그래, 무슨 병이오?"

"밤낮으로 책만 읽어서 시력이 약해졌고, 운동을 하지 않으셔서 몸이 극도로 쇠약하옵니다. 그냥 놔두시면 돌이킬 수 없을 것으로 생각되옵니다."

"알았소. 그렇다면 내 친히 충녕의 방으로 가 보리다."

태종은 어린 아들이 책만 읽어서 병이 났다니 걱정이 되었습니다. 차가운 밤공기를 마시며 왕자의 방으로 가 보니, 정말로 불이 환히 켜져 있고 책 읽는 소리가 들렸습니다.

"상감마마 듭시오."

내시의 말이 떨어지자, 문이 황급히 열렸습니다.

"아바마마, 어서 드십시오."

"오냐, 밤이 깊었는데 아직까지 책을 읽고 있었더냐?"

"예."

충녕의 방으로 들어서던 태종은 숨이 턱 막히는 듯했습니다. 방에는 발 디딜 틈도 없이 온갖 책들로 가득했습니다. 사서삼경은 물론이고, 역학과 우리나라의 수학책인 산학, 천문학에 관한 책들이 책상 위와 사방의 벽, 그리고 병풍 뒤에까지 그득했던 것입니다. 게다가 책들이 뿜어내는 텁텁한 냄새와 먼지가 방 안을 뒤덮고 있었습니다.

태종은 황급히 명령을 내렸습니다.

"여봐라. 문이란 문은 죄다 열고 환기를 해라. 이래서야 없던 병도 생기겠구나."

태종을 따라온 내시와 궁녀들이 창문과 방문을 열어젖히자, 그제야 맑고 찬 공기가 방 안으로 쏟아져 들어왔습니다.

"안 되겠다. 여봐라. 충녕은 이러고도 내가 돌아서면 또 책을 읽을 것이 뻔하다. 이 방의 책을 한 권도 남기지 말고 당장 치우도록 해라. 충녕의 병이 나을 때까지 절대로 책을 들여놓아서는 아니 된다. 앞으로 충녕은 밤에는 절대 책을 읽지 말도록 하라."

난데없는 아버지 태종의 명령에 충녕은 깜짝 놀랐습니다.

하지만 아들의 건강을 걱정하는 아버지의 명령이니 어찌 할 수 없었습니다.

"아바마마, 황송하옵니다. 이게 모두 저의 불찰입니다."

나인^(궁궐 안에서 왕과 왕비를 가까이 모시는 궁녀)들이 방에서 책들을 끄집어내는 걸 보고 나서야 태종은 처소로 돌아왔습니다. 돌아오는 길에 태종은 하늘의 별을 보며 중얼거렸습니다.

"어허. 정작 밤을 새워 공부해야 할 세자는 저렇게 쓸데없는 데 정신을 팔고 있는데, 충녕은 공부만 하고 있단 말인가. 둘을 섞어서 반으로 나누면 정말 좋겠구나."

충녕에게 세자 자리를 줘라

태종은 아버지인 태조 이성계를 가장 많이 닮았습니다. 호랑이처럼 건장한 체구에 무술도 뛰어나고, 아랫사람들도 잘 이끌었지요. 하지만 형제들을 죽이고 왕위에 오르는 바람에 이성계의 미움을 샀습니다. 이성계는 태종이 보기 싫어 함흥으로 가 버렸습니다.

태종은 태조 이성계가 맏아들에게 왕위를 물려주지 않아 다툼이 일어났다고 생각했습니다. 그래서 태종은 무슨 일이 있더라도 맏아들에게 왕위를 물려줄 것이라고 말해 왔습니다. 그러나 아무리 생각해도 양녕에게 왕위를 물려주는 일이 마뜩하지 않았습니다.

아버지 태종이 이런 고민에 빠져 있었지만, 양녕은 그것을 헤아리지 못했습니다. 여전히 공부는 뒷전이고, 술 마시고 마음껏 놀면서 자유롭게 지냈습니다. 주변 사람들이 걱정을 하고 아무리 주의를 줘도 그때뿐이었습니다. 동생인 효령이나 충녕이 보아도 너무하다 싶었습니다.

"형님께서는 아바마마의 걱정이 눈에 안 보이십니까?"

"지금이라도 학문에 힘을 쏟으십시오."

또 대궐 담을 타고 넘어가 술을 마시고 돌아온 형을 보고, 아우들이 안타까워 작은 소리로 나무랐습니다. 양녕은 게슴츠레한 눈을 슬쩍 뜨더니 빙긋이 웃으며 말했습니다.

"아우님들이로군. 나는 이렇게 사는 게 즐겁다네. 우리 사랑하는 아우님들이나 공부 많이 하시게. 임금이 되고 나면 누가 내 자리를 탐내지 않나 두려워해야 하고, 형제들과 다투면서 아등바등 살아야 하지 않나? 그 전에 실컷 놀기라도 해야지."

양녕은 동생들을 사랑했습니다. 하지만 아버지 태종에 대해서는 못마땅한 마음이 있었습니다. 만나기만 하면 항상 잔소리를 하고, 잘못한다고 야단만 치기 때문이었습니다.

양녕은 나이 스무 살을 넘어서도 계속 문제만 만들고 다니며 크고 작은 사고를 일으켰습니다.

이런 소식을 들은 태종은 가슴을 치며 눈물을 흘렸습니다.

"세자는 어려서는 총명하고 건강했다. 장차 공부만 열심히 하면 이 나라를 맡길 만하다고 생각하여 항상 가르치고 깨우치려 했건만, 나아지기는커녕 점점 심해지는구나."

이렇게 되니 신하들도 더 이상은 안 되겠다고 생각했습니다.

"전하, 양녕대군을 저대로 둘 수가 없사옵니다."

"세자에게 나라를 맡기면 큰일이 날 것 같사옵니다. 세자 자리에서 내려오게 해야 할 듯합니다."

"다른 어진 왕자님을 세자로 봉하소서."

사방에서 이런 상소문들이 올라왔습니다. 온통 양녕의 허물을 지적하는 내용이었습니다. 그러자 태종은 신하들을 불러 모아 놓고 말했습니다.

"알았소. 하늘의 뜻이 세자를 떠난 것 같소. 태조께서 큰 뜻을 품고 나라를 세운 지 오래되지 아니하여 손자가 이 모양이니,

이대로는 나라의 앞날이 걱정이오. 양녕을 세자 자리에서 내리고, 궁에서 나가 살게 하시오."

그리고 태종은 세자 자리를 이을 왕자에 대해 말했습니다.

"옛사람이 말하기를, 훌륭한 임금이 있으면 나라의 복이라 하였소. 원래 맏아들에게 주었던 세자 자리이니, 남은 두 아들 가운데 순서로는 효령이 우선이겠소. 효령은 용맹하나, 술을 전혀 못 마시고 마음이 너무 물러서 아쉽구려. 무슨 말을 해도 그저 빙긋이 웃기나 할 뿐이니, 결단력이 모자라 곤란하오. 하지만 충녕은 총명하고 민첩하며 학문을 좋아하오. 춥건 덥건 밤이 새도록 글을 읽어 생각이 트였소. 나라를 다스리는 일에도 자기 생각을 여러 가지로 내놓는 것이 진실로 합당하고 기발한 것이 많았소. 술도 적당히 마실 줄 아오. 두 왕자 가운데 나는 충녕을 세자로 정하겠소."

그 말이 떨어지자, 신하들이 일제히 말했습니다.

"저희들이 말씀드린 어진 왕자님이 바로 충녕대군이옵니다."

이처럼 충녕은 조정의 위아래 모든 신하들에게서 임금이 될 만한 왕자로 손꼽혔습니다. 그래서 간혹 충녕과 친하게 지내려고 애쓰는 신하들도 있었지만, 대개는 충녕이 거절해서 만날 수가 없었습니다. 충녕은 그런 신하들이 나중에 자신에게 해가 된

다는 걸 알았던 것입니다.

　게다가 충녕은 부인을 함부로 대하지 않고, 언제나 자신과 동등하게 여겼습니다. 그래서 부인이 나아가고 물러갈 때에는 반드시 일어서서 보내고 맞이했습니다. 남자와 여자가 똑같이 중요한 사람이라고 생각했기 때문입니다.

　또한 충녕은 중요한 일이라고 생각한 것은 반드시 지키기로 유명했습니다. 태종은 새로 지은 창덕궁에 머물면서, 경복궁은 비워 두었습니다. 누구든지 임금이 사는 궁 앞을 지날 때에는 반드시 말에서 내려 걸어서 지나가야 했습니다. 하지만 임금이 경복궁에 없으니, 사람들은 그냥 말을 탄 채로 지나다녔습니다. 그래도 충녕만은 반드시 말에서 내렸습니다. 아침이든 저녁이든, 비가 오든 눈이 오든 한결같았습니다.

　오래전에 명나라 신하인 황엄이 조선에 왔다가 충녕을 만난 뒤, 그가 뛰어나게 슬기롭고 올곧은 것을 칭찬하면서 이렇게 말했습니다.

　"총명하기로는 아버지 태종을 닮았다. 장차 이 왕자가 조선의 임금이 될 것이다."

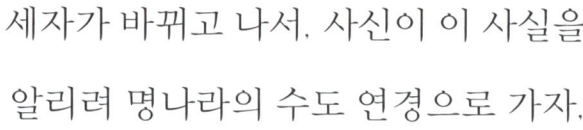

세자가 바뀌고 나서, 사신이 이 사실을 알리러 명나라의 수도 연경으로 가자, 황엄이 그를 보고 웃으며 물었습니다.

"충녕을 세자로 봉한다고 알리러 온 것이지요?"

"아니, 그걸 어찌 아셨습니까?"

"내가 이래 봬도 사람 볼 줄은 압니다. 허허허!"

충녕의 총명함과 학문을 사랑하는 마음은 이처럼 사람들의 마음을 크게 움직였던 것입니다.

임금이 되어야만 효도하는 거라니

"아아. 어떻게 해야 나라를 부강하게 만들 수 있을까."

갑자기 세자가 된 충녕은 어깨에 만 근도 더 되는 짐을 짊어진 것만 같았습니다. 임금은 나라를 다스릴 기틀을 탄탄하게 마련해야 하고, 백성도 잘 다스려야 합니다. 외적의 침입도 막아 내야 합니다.

"그래. 모든 문제를 푸는 열쇠는 성현들이 남기신 책에 있다고 했거늘······."

충녕은 세자가 된 뒤로 더욱 열심히 공부했습니다. 나라를 잘 다스리는 방법에 대해 학자들과 토론을 벌이기도 했습니다.

충녕은 이웃 명나라를 눈여겨보았습니다.

중국에서 가장 수가 많은 민족은 한족입니다. 그러나 중국 역사를 돌아보면 한족이 나라를 세워 통치한 기간은 그다지 길지 않습니다. 고려 시대에는 몽골족이 세운 원나라가 중국 땅을 차지하고 있었지요. 이때 붉은 수건을 머리에 쓰고 다니며 원나라에 저항한 한족의 무리가 있었습니다. 사람들은 이들을 홍건적이라고 불렀습니다.

홍건적의 우두머리로 주원장이라는 사람이 있었습니다. 주원장은 1368년에 원나라를 몰아내고 새로 나라를 세웠습니다. 그리고 어두웠던 오랑캐 시절에서 벗어나 빛을 찾았다는 뜻에서 나라 이름을 명(明)이라고 하였습니다.

주원장이 황제가 되어 나라 안을 둘러보고는, 풍습이나 말이 몽골의 영향을 받아 원래의 형태를 많이 잃어버렸다는 사실을 알게 되었습니다. 뿐만 아니라, 몽골족이 다스리는 나라에서 벼슬하는 것을 치욕으로 여긴 한족의 학자들이 산속으로 숨어 버려서 학문도 뒤떨어져 있었습니다. 주원장은 학문을 발전시키는 일이 무엇보다도 시급하다고 여겼습니다.

명나라의 제3대 황제인 영락제는 숨겨진 책들을 수집해서 방대한 분량의 《성리대전》을 만들었습니다. 그리고 몽골어의 영향

으로 훼손된 언어를 바로잡기 위해 올바른 발음과 뜻풀이를 정리한 책인《홍무정운》도 만들었습니다. 중국어 발음의 표준을 만든 것입니다.

충녕은 조선에도 명나라와 같은 개혁이 필요하다고 생각했습니다.

'뛰어난 인재를 많이 찾아내야 해. 학문을 발전시키면 자연히 백성들을 잘살게 할 수 있는 방법을 찾아낼 수 있을 게야. 책도 많이 만들고. 또 누구나 글을 알아서 쓸 수 있게 해야지. 그러려면 내가 공부를 게을리 할 수 없어.'

충녕은 책을 보면서 말과 글에 대한 공부도 열심히 했습니다.

그러던 어느 날. 태종이 충녕을 불렀습니다.

"아바마마. 부르셨습니까?"

충녕이 도착해 보니 많은 신하들이 임금 앞에 엎드려 있었습니다. 딱딱하게 굳어 있던 태종의 얼굴은 충녕을 보더니 부드럽게 풀렸습니다.

"어서 오게. 세자."

"어인 일이십니까?"

충녕은 공손히 허리를 숙이고 섰습니다.

"세자가 왔으니 여러 신하들은 모두 들으시오. 내가 임금이 된 지 벌써 십팔 년째요. 크게 잘못을 저지르지는 않았건만 하늘의 뜻에 보답하지 못한 탓인지, 홍수나 가뭄이 심하고, 재앙을 많이 겪었소. 이는 하늘이 나를 못마땅하게 여기기 때문이오."

조선은 유교에 바탕을 두고 세운 나라입니다. 그중에서도 성리학에서는 임금의 권력은 하늘이 내려준 것이라고 했습니다. 그래서 임금이 백성들을 잘 다스리면 농사가 잘 되고 날씨도 좋지만, 그렇지 못하면 재앙이 내려서 임금의 잘못을 꾸짖는다고 믿었습니다.

"아바마마, 그렇지 않사옵니다. 과거 어느 역사를 보더라도 천재지변은 늘 있는 것입니다."

아버지 태종의 다음 말이 걱정되어 충녕이 감히 가로막고 나서자, 태종은 손을 휘저으며 말했습니다.

"세자는 잠자코 들으라. 요즘은 내 건강도 좋지가 않다. 이제 총명한 세자가 뽑혔으니, 임금 자리를 세자에게 넘기려 한다."

충녕은 깜짝 놀랐습니다. 세자 자리에 오른 지 이제 겨우 두 달이 되었을 뿐인데, 왕위에 오르게 된다니 당황스러웠습니다.

"아바마마, 아니 되옵니다! 명을 거두어 주십시오!"

충녕이 황급히 자리에 엎드렸지만, 태종은 못 들은 척 말을 이었습니다.

"아비가 아들에게 임금 자리를 물려주는 건 떳떳하고도 당연한 일이오. 그대들도 알다시피, 나는 어지러운 다툼을 겪고 임금이 된 사람이오. 나는 자격이 별로 없는 사람이오. 그런데도 십팔 년이나 나라를 다스렸으니 제법 오래 했소."

"그렇지 않사옵니다."

"아니 되옵니다!"

신하들이 여기저기서 큰 소리로 말렸습니다. 하지만 태종의 결심은 이미 굳은 듯했습니다.

"십팔 년 동안 호랑이 등에 올라타 있었으니 이미 족하오. 어서 옥새를 가져 오시오."

옥새는 임금의 권력을 상징하는 도장입니다. 신하들은 흐느껴 울며 뜻을 거두어 달라고 했지만, 누구도 태종의 고집을 꺾을 수 없었습니다. 태종은 신하가 가져온 옥새를 받아 충녕에게 건네며 말했습니다.

"세자, 이 옥새를 받아 나라를 태평성대로 이끌어 주시오."

"아바마마, 아니 되옵니다."

충녕은 그 자리에 엎드린 채 일어나지 않았습니다.

"어허, 일어나서 받으라는데도."

태종은 억지로 충녕을 일으키고 옥새를 건네준 다음, 안으로 들어가 버렸습니다.

그 뒤로도 며칠 동안 충녕은 아버지인 태종을 찾아가 어명을 거두어 달라고 애원했습니다. 그러나 그때마다 거절당하자 할 수 없이 신하들에게 물었습니다.

"이를 어찌하면 좋겠소? 아바마마께서 저렇게 완강하시니……."

그러자 여러 신하들 가운데 이명덕이 대답했습니다.

"성상의 뜻이 이미 정해졌으니, 효도를 하시는 게 마땅할 듯하옵니다."

"아아, 아직 준비가 되지 않았는데 어찌 이리도 무거운 짐을

져야 한단 말이오."

효자인 충녕은 맏아들인 양녕을 쫓아낼 수밖에 없었던 아버지의 괴로운 마음을 짐작하고 있었습니다. 게다가 지난해에는 그토록 아끼던 막내아들 성녕군을 병으로 잃는 일도 있었지요. 태종은 아무도 모르게 홀로 눈물 흘리는 날이 많았습니다. 그래서 충녕은 옥새를 받아 간직하기로 했습니다. 그건 마침내 임금이 되기로 결심했다는 뜻입니다.

드디어 충녕이 왕위에 오르게 되었습니다. 태종은 인사하러 온 아들 충녕에게 자신이 쓰고 있던 익선관(임금이 평소 머리에 쓰는 관)을 벗어 직접 씌워 주었습니다. 그리고 국왕의 옷을 입히고 경복궁 근정전에서 즉위하도록 했습니다. 충녕은 익선관을 쓰고 나와 여러 신하들에게 말했습니다.

"나이 어리고 어리석은 내가 국가의 대사를 감당하기 어려워 사양하였으나, 끝내 허락을 받지 못하였소이다."

여러 신하들은 충녕이 익선관을 머리에 쓰고 있는 것을 보고 모두 바닥에 엎드렸습니다. 새로운 임금이 탄생한 것입니다. 곧 태종이 밖으로 나와 신하들에게 다시 한 번 말했습니다.

"주상⁽임금을 달리 부르는 말⁾이 좀 더 나이가 들 때까지 군사에 관한 일은 내가 직접 보고를 받을 것이고, 또한 국가에 결정하기 어려운 일이 있을 때마다 나도 함께 의논할 것이오. 그대들은 새 임금의 즉위를 축하하도록 하시오."

22세의 젊은 임금은 문무백관⁽나랏일을 돌보는 문관과 무관을 합친 말⁾을 거느리고 경복궁으로 갔습니다. 신하들은 저마다 자기 자리를 찾아 늘어섰습니다. 임금이 근정전 앞에 서니, 신하들이 예를 갖추었습니다. 거기에는 성균관 학사들도 자리를 함께했습니다. 임금이 축하 인사받기를 마치고 말문을 열었습니다.

"이제 내가 임금이 되었으니 우리 할아버님이신 태조는 태상왕으로, 아버님은 상왕으로 모시겠노라. 전과 다름없이 예를 다하도록 하시오."

"예!"

신하들의 대답이 쩌렁쩌렁하게 경복궁에 가득 울려 퍼졌습니다. 이제 우리나라 역사에서 가장 아름다운 문화를 꽃피웠던 세종대왕 시대가 막을 올린 것입니다.

왜구를 뿌리 뽑기 위해
대마도를 쳐라

세종은 임금이 되고 나서도 책을 손에서 놓지 않았습니다.

'책에는 이 세상의 지혜가 다 들어 있다. 그러니 나라를 잘 이끌려면 나부터 솔선수범해서 책을 많이 읽어야 한다.'

세종이 어렸을 때, 아버지인 태종이 건강을 해친다며 방에 있던 책들을 모조리 치워 버린 일이 있었습니다. 세종이 아직 세자로 책봉되기 전이니까, 충녕군이었던 시절입니다. 방 안을 샅샅이 뒤지며 남아 있는 게 없나 살피던 충녕은 병풍 뒤에서《구소수간》이라는 책을 찾아냈습니다. 이름난 송나라의 문인인 구양수와 소동파의 글을 모은 책이었습니다.

충녕은 이 책을 수없이 반복해서 읽었습니다. 그래서 책을 묶은 끈이 다 해질 정도였다니, 얼마나 많이 읽었는지 짐작할 수 있습니다.

이렇게 책 읽기를 좋아한 충녕이었지만, 임금이 되고 나니 할 일이 너무 많아서 책 읽기가 쉽지 않았습니다. 궁리 끝에 세종은 일을 하는 중에도 조용히 책을 읽기 위해 특별한 방법을 마련했습니다.

"궁 뒤에 작은 집을 하나 지어라. 돌층계를 쓰지 말고, 지붕도 짚으로 이어서 소박하게 해라."

작은 별당이 만들어지자 세종은 이곳에서 책을 읽었습니다. 거기에서 책을 읽는 동안은 아무도 방해할 수 없었습니다. 세종은 이곳에서 지식을 더욱 깊이 쌓고, 나라를 다스릴 계획도 세웠습니다. 세종의 지도력은 이렇게 책을 읽고, 선인들의 경험을 배우는 데에서 비롯되었던 것입니다.

세종이 가장 먼저 해결해야 할 문제는 번번이 조선의 바닷가에 나타나 노략질을 일삼는 왜구(우리나라와 중국 연안에서 노략질을 하던 일본 해적)를 물리치는 일이었습니다.

얼마 전에도 왜구가 배 50여 척을 끌고 충청도 비인 지방에 와서 어부들의 배를 불태우고 갖은 약탈을 벌인 적이 있었습니다. 심지어는 서해안의 연평도까지 올라와서 식량을 요구하기도 했습니다.

"우리는 조선을 치려고 온 것이 아니오. 중국을 치러 가다가 식량과 물이 부족해서 들렀을 뿐이니, 식량을 주면 순순히 물러가겠소."

그 말을 듣지 않으면 해코지를 할 것 같아. 지역 관찰사는 쌀 40가마를 주어 보내고 조정에 보고했습니다.

이 사건이 있은 뒤. 세종은 상왕인 태종과 의논했습니다.

"아무리 생각해 봐도 왜구를 처리할 방도가 있어야 할 것 같습니다. 매번 이렇게 당하고만 있을 수는 없는 노릇입니다."

상왕도 조선이 안정을 찾으려면 왜구의 뿌리를 뽑아야 한다는 생각에 찬성했습니다.

"대신들과 의논해서 그들의 소굴인 대마도를 치는 게 좋을 것 같소."

왜구들과는 육지에서 싸우는 것이 유리하니 수군을 없애는 게

어떤지, 세종이 신하들에게 의견을 물은 적이 있었습니다.

그러자 이종무 장군이 나서서 왜군을 바다에서부터 미리 막지 못하면 육지에서 막는 것은 더 어렵다는 의견을 올렸습니다. 세종은 그 말에 크게 깨달은 바가 있었습니다. 그래서 이종무를 불러 대마도의 왜구를 무찌르는 장군으로 임명했습니다.

"중국에 간 왜구들이 아직 돌아오지 않았으니, 이때 비어 있는 대마도를 치면 우리에게 승산이 있을 것이오."

"작전을 성공시키려면 우리의 비밀이 적들에게 새어 나가면 안 됩니다."

"어쩌면 좋겠소?"

"남해안 일대에 들어와 있는 왜국의 상인들이 바다에 나가지 못하게 해야 합니다. 그리고 왜국과 조선 사이를 오가는 배들을 엄격히 단속한 뒤에 작전을 수행해야 하옵니다."

"그렇게 하시오. 예로부터 군사를 일으켜 도적을 치는 뜻은 죄를 묻는 데 있을 뿐, 많이 죽이는 데 있는 것이 아니오. 그러니 장군은 내 생각을 잘 헤아려서 항복하는 자들은 죽이지 말고 잡아 오시오. 하지만 그들의 마음이 간사함을 헤아릴 수가 없으니, 이긴 뒤에라도 조심해서 역습을 당하지 않도록 하시오. 또 하나 잊지 말아야 할 것이 있소. 칠월에는 태풍이 많소. 그 점도 잘 생각해서 바다에 오래 머물지 마시오."

"예."

이종무는 세종의 깊은 뜻에 감격했습니다.

모든 일은 세종의 지시대로 착착 진행되었습니다. 1419년 6월, 드디어 조선의 수군은 이종무 장군의 지휘 아래 마산포를 떠나 거제도에 모여들었습니다. 전선 227척에 군사의 수는 1만 7,285명이었으며, 식량도 넉넉히 준비했습니다.

"전하의 명을 받들어 흉악한 왜구들을 완전히 없애도록 하자. 공을 세운 자들에게는 큰 상을 내릴 것이다!"

오랫동안 전쟁터에서 용맹을 떨쳤던 이종무 장군이 우렁차게 외치자, 군사들의 사기는 더욱 드높아졌습니다.

조선의 배들이 대마도를 향해 나아가자, 왜구들은 자기들 배가 중국에서 돌아오는 줄 알았습니다. 그래서 노략질한 희귀한 물건들과 식량을 잔뜩 가져왔을 줄 알고 신이 나서 마중을 나갔습니다. 하지만 가까이서 보니 모두 조선의 배였습니다.

"큰일 났다! 조선군이 쳐들어왔다!"

"사람 살려!"

그들은 허겁지겁 산으로 피했고, 적은 수의 왜구들만 남아서 저항했습니다. 아무리 겁 없는 왜구라 해도, 성난 파도처럼 몰려든 조선의 군사들 앞에서는 오합지졸일 뿐이었습니다.

"모두 불 지르고 다시는 우리 땅을 넘보지 못하게 하라!"

조선 수군은 포구에 세워 둔 왜구의 배 100여 척에 불을 지르고, 20여 척은 빼앗았습니다.

"저들의 집들을 불살라서 근거지를 없애야 한다!"

왜구의 집들이 불길에 휩싸인 모습은 정말 엄청났습니다. 마을에는 중국에서 잡혀 온 포로들도 130여 명이나 되었습니다. 그들은 대마도의 지리에 밝아, 산으로 달아난 왜구들을 포위하기 좋은 중요한 길목을 알려 주었습니다.

조선의 배들은 포구에 머무르고 있었습니다. 이종무 장군은 날이 밝으면 군사들을 육지로 내보내 왜구를 잡게 하고, 밤에는 다시 배로 돌아오게 했습니다.

그런데 어느 날, 이종무의 부하 장군인 박실이 험한 산으로 적을 쫓아가다가 몰래 숨어 있는 왜구들을 만났습니다.

"복병이다. 정신 바짝 차려라!"

박실이 외쳤지만, 적들은 위쪽에서 치고 내려오면서 공격했습니다. 대마도 영주가 마지막 힘을 모아 반격에 나선 것입니다.

"안 되겠다. 후퇴하라!"

박실이 군사를 거두어 다시 배에 오르려 하자, 적들이 바짝 쫓아왔습니다. 마침 박실의 군사들이 쫓기는 것을 본 다른 군사들이 달려와 도왔습니다. 이 싸움에서 조선군은 많은 군사를 잃고 말았습니다.

　하지만 전투가 오랫동안 지속되자 대마도 영주도 더 이상 견디지 못했습니다. 결국 영주는 사신을 보냈습니다.

　"저희들의 잘못을 다 인정할 테니, 제발 군사를 물려 주시기를 부탁드립니다. 그리고 칠월이 되면 태풍이 옵니다. 태풍을 만나면 돌아갈 배들이 부서지니 조선군도 어려움에 처할 것입니다."

　어떤 수를 써서라도 조선군을 돌려보내고 싶은 속내를 드러낸 것이지만, 아주 틀린 말은 아니었습니다. 조선을 떠나올 때, 세종도 태풍을 조심하라고 당부했습니다. 그동안 조선군이 입은 피해도 적지 않았습니다. 싸움이 길어지면 손실이 더 커질 것은 불 보듯 뻔했습니다.

　이종무는 싸움을 오래 끌어 보았자 오히려 조선군이 불리하다는 판단을 내렸습니다. 게다가 대마도 영주가 손이 발이 되도록 빌면서 다시는 조선을 넘보지 않겠다고 하니, 이 정도면 충분히

혼쭐을 내주었다고 여겼습니다.

"다시는 우리 조선을 침략하지 않을 것을 맹세하는가?"

"맹세하고 말고요. 앞으로는 절대 그런 일이 없을 겁니다."

이종무는 철군 명령을 내렸습니다.

"이 정도면 되었다. 돌아가자!"

뒷날의 역사가들은 이때 대마도를 아예 우리 영토로 만들었더라면, 일본으로부터 받았던 피해를 더 줄일 수 있었을 거라고 아쉬워하기도 합니다.

이종무가 돌아오자 세종은 크게 기뻐했습니다.

"봄에 나게 하고 가을에 죽이는 것은 하늘의 도요. 왕은 하늘의 도를 받아 모든 백성을 사랑하여 기르지만, 도적과 간사한 무리는 베고 토벌을 하는 것이 당연한 일이오. 하지만 삼가며 불쌍히 여기는 뜻도 언제나 떠나지 않는 것이오. 이제 왜구들에게 법도를 가르쳤으니, 혹시라도 그들이 와서 항복한다면 살 곳과 농사 지을 땅을 줄 것이오. 대마도는 토지가 척박해서 농사에 적당치 않소. 그곳 백성들의 생계가 실로 어려우니, 내 마음이 몹시 안됐소."

세종은 이종무와 장수들에게 큰 상을 내렸습니다.

이종무가 대마도를 정벌한 뒤로 왜구가 조선 땅을 넘보는 일은 드물어졌습니다. 하지만 조선을 노략질하지 못하자, 식량이 떨어져 굶주리게 되었습니다. 그대로 놔두면 다시 쳐들어올지도 몰랐습니다.

"너무 왜구를 억누르면 도리어 반발을 해서 다시 쳐들어올지 모른다. 그러니 우리 땅에 올 수 있게 조금은 문을 열어 주어라."

세종의 명령으로 내이포, 제포, 부산포 등에 왜관(조선 시대에 일본인들이 머물면서 외교적인 업무나 무역을 행하던 관사)을 설치하게 되었습니다. 그래서 왜인들도 들어와 무역을 하고 살 수 있게 되었습니다.

음악을 바로잡아
나라의 근본을 세우라

왜구들의 횡포가 잠잠해졌다고 해서 백성들이 잘살게 된 것은 아니었습니다. 가난하고 힘들게 사는 백성들을 괴롭히던 많은 이유들 가운데 하나가 사라진 것뿐이었습니다.

"나라를 잘 다스리고 백성들을 잘 이끌려면 어찌해야 하는지 생각들을 말해 보시오."

세종은 집현전 학사들과 밤늦도록 토론을 벌였습니다. 세종은 언제나 이렇게 신하들의 생각을 듣고 의견 나누기를 좋아했습니다.

"나라의 근본을 바로 세우셔야 합니다. 고려가 망한 것은 바로 나라의 근본이 흔들렸기 때문입니다."

한 학사가 말했습니다.

"무엇이 나라의 근본이라고 생각하오?"

"성현의 가르침을 백성들에게 널리 알려서 사람의 기본 도리인 삼강오륜을 잘 지키도록 해야 합니다."

그러자 또 다른 학사가 말했습니다.

"음악을 잘 정돈해야 하옵니다. 바른 음악을 듣고 즐겨야 백성들이 온화해지고 풍속이 바로잡힙니다."

"좋은 생각이오."

"농사를 잘 지어서 백성들이 배불리 먹도록 해야 합니다. 그러려면 홍수와 가뭄에 미리 대비하기 위해 천문을 잘 살펴야 합니다."

"인재를 널리 뽑아야 합니다."

여기저기서 학사들이 의견을 내놓으면, 세종은 그 말을 듣고 깊이 생각하여 질문을 했습니다.

집현전은 이렇게 왕이 직접 참여하는 연구 기관이었습니다. 세종은 학문을 일으키고 글을 읽는 분위기를 만들기 위해 집현전을 궁 안으로 들여오고, 인품과 학식이 뛰어난 사람 열여섯 명을 뽑았습니다. 이곳에 모인 학사들은 조선에서 둘째가라면 서러울 만큼 뛰어난 사람들이었습니다.

"이들이 마음 편히 공부에만 힘을 쏟을 수 있도록 잘 돌보아 주어라!"

집현전 학사들의 밥상에는 임금이나 받아 볼 만한 기름진 음식들이 올랐습니다. 이불도 늘 뽀송뽀송한 새것이고, 옷도 계절마다 임금이 직접 내려 주었습니다. 귀한 책들을 마음껏 구해 읽는 것은 물론이고, 종이와 먹도 필요한 만큼 쓸 수 있었습니다. 신숙주가 밤새 책을 읽다가 깜빡 잠이 들었는데, 마침 그것을 본 세종이 자신의 옷으로 덮어 주었다는 유명한 일화도 있습니다.

그러나 아침부터 저녁까지 책 읽고 토론하는 일이 계속되자, 집을 그리워하는 학사들이 생겨났습니다. 이 사실이 알려지자 세종은 기발한 생각을 냈습니다.

"신석조, 유의손, 권채, 남수문은 집에서 책을 읽으며 공부를 하게 하라. 그렇게 하더라도 매달 받는 봉록은 그대로 지급하라."

집에서 공부만 해도 녹봉을 그대로 주는 특별한 조치를 내렸던 것입니다. 그러니 학자들은 마음껏 공부하고, 나중에 그 지식을 임금 앞에 펼쳐 내어 나라를 발전시키는 데 쓸 수 있었습니다. 이것이 바로 책 읽는 휴가라는 뜻의 '사가독서' 제도입니다.

이렇게 집현전을 활기 있게 운영하다 보니, 세종에게는 나라의 기틀을 세우고 백성을 보다 잘살게 할 수 있는 좋은 생각들이 많이 떠올랐습니다. 그 가운데 하나가 정리되지 않았던 음악을 바로잡은 것입니다.

종묘는 죽은 임금들에게 제사를 지내는 곳입니다. 그런데 이곳에서 제사 때 연주하던 음악은 중국 음악이었습니다. 그나마도 제대로 음이 맞지 않아서 듣기 괴로운 것들뿐이었습니다. 처음 중국에서 전해졌을 때에는 훌륭했습니다. 그러나 오랜 시간이 지나면서 연주법이 잊혀지거나 이상해졌습니다.

또한 왕이 신하들과 만날 때 연주되던 악기들도 모두 중국의 것을 본뜬 것이거나 고려 때 쓰던 것들이었습니다.

'이래서는 나라의 풍속을 바로잡을 수가 없겠다. 살아생전에 우리 음악을 즐겨 듣던 분들이, 돌아가시고 나서 중국 음악을 좋아하실 리가 없다.'

세종은 음악을 정리하는 일이 꼭 필요하다고 여겼습니다. 사람의 마음을 다스리고, 사회와 풍습을 순화시키며, 정치를 고르게 하여 국가를 잘 다스리기 위해서는 음악이야말로 더없이 좋은 수단이라고 여겼기 때문입니다. 한마디로 백성들을 잘 다스리려면 음악이 자리를 잡아야 했던 것입니다.

세종은 음악에 정통한 신하인 박연을 불렀습니다.

"중국의 예를 보더라도 왕조가 바뀌면 음악부터 바꾸었소.

나도 조선의 음악을 바로잡고자 하오. 그대는 어찌 생각하시오?"

"음악을 바로잡는 건 참으로 어려운 일입니다. 고친다 해도 중국만을 따르려는 신하들이 반대할 것이옵니다. 게다가 외적의 침입과 잦은 전쟁으로 없어진 악기들도 많고, 이 나라 저 나라에서 온 것들이 뒤섞여 있기도 합니다."

"그건 걱정 마시오. 내가 다 막아 주고 지원해 주겠소. 부족한 악기는 직접 만드시오. 우리에게 맞는 악기가 필요할 거요. 중국에 부끄러워할 것은 없소. 중국의 음악인들 어찌 바르게만 되었다 할 수 있겠소."

박연은 곧장 악기 연구에 몰두했습니다. 먼저 율관을 만들어야 했습니다. 율관이란 기본이 되는 음을 불어서 낼 수 있는 대나무 관입니다. 그러면 나머지 악기들은 그 음에 따라 높낮이를 맞추고 조화를 이루어 합주를 할 수 있기 때문입니다.

이 음을 내는 율관 길이는 한 자(尺)가 되어, 길이의 기준이 되었습니다. 또한 율관 안의 빈 공간에 가득히 채워지는 곡식의 양과 무게는 다른 물건의 양과 무게를 다는 기준이 되었습니다. 그러기에 기본음을 정해 주는 악기를 만드는 것은 바로 백성들의 생활에 기준을 정하는 것이나 마찬가지였습니다.

박연은 마침내 율관을 완성했습니다. 이제 조선도 이 악기의 음을 기본으로 삼아 악기를 만들 수 있게 되었습니다.

박연이 만들어 보고 싶었던 악기 가운데에는 쇠로 만드는 편종과 돌로 만드는 편경이 있었습니다. 편종은 쇠를 틀에 부어 만들면 되지만, 편경은 옥돌로 만들어야 했습니다. 두들겨도 쉽게 깨지지 않으면서 맑은 소리가 나는 옥돌은 조선에서는 나지 않는다는 말이 있었습니다.

어느 날, 박연이 허겁지겁 달려와 세종에게 아뢰었습니다.

"상감마마, 하늘이 전하의 뜻에 감동했나 보옵니다."

"그게 무슨 소리요?"

마침 소리에 대한 책을 읽고 있던 세종이 물었습니다.

"남양 지방의 산속에서 옥돌을 발견했습니다. 이제 그 돌로 편경을 만들 수 있게 되었습니다."

"오, 그게 정말이오? 듣던 중 반가운 소리가 아닐 수 없소."

"천지신명이 굽어 살피시는 것 같사옵니다."

"어서 편경을 만들어서 내게 소리를 들려주시오."

박연은 서둘러 편경을 설계했습니다. 그리고 옥돌을 깎고 갈았습니다. 세종은 우리의 기술로 만든 편경의 소리가 어떨지 궁금했습니다.

드디어 편경이 완성되어 그 모습을 드러냈습니다.

"어디 연주해 보시오."

악사가 작은 망치로 악기를 치며 음악을 연주했습니다. 세종은 눈을 지그시 감고 소리를 들었습니다.

드디어 악기 연주가 끝나자. 신하들은 왕의 입에서 나올 말을 궁금해하며 고개를 들지 못하고 있었습니다.

"참으로 좋은 소리요. 수고들 했소."

"성은이 망극하옵니다."

박연을 비롯한 신하들이 일제히 고개를 조아리자. 세종은 다음의 말을 덧붙였습니다.

"그런데 연주할 때 한 음이 이상하던데 왜 그런 거요?"

이 말을 들은 박연은 당황하며 말했습니다.

"그럴 리가 없사옵니다. 설계한 대로 꼼꼼히 만들었습니다."

"내 귀엔 이상하게 들렸소. 다시 한 번 잘 살펴보시오."

박연과 악사들은 편경에 달려 있는 'ㄱ' 자 모양의 돌들을 하나하나 살폈습니다.

"아니, 이럴 수가!."

위의 음을 내는 돌 가운데 하나를 보니 깎아 내면서 그렸던 먹줄이 과연 가늘게 남아 있었습니다.

"전하. 황송하옵니다. 위음을 내는 돌이 덜 다듬어져 소리가 좀 더 낮게 났습니다. 곧 갈아서 제소리를 내 보겠습니다."

박연은 이렇게 보고한 뒤, 급히 숫돌을 가져다 먹줄까지 완전히 지운 다음에 다시 매달았습니다. 그리고 연주를 시작하자, 그제야 세종이 흡족한 얼굴이 되어 고개를 끄덕이며 말했습니다.

"됐소. 이제야 음이 맞소. 이것이 중국 것이 아닌 우리의 음악이구려. 아주 좋소."

세종은 음악에 대해서도 전문가 이상의 지식을 가지고 있었을 뿐만 아니라. 이처럼 음감까지 정확하게 터득하고 있었던 것입니다. 오늘날로 치면 피아노 조율사에 맞먹는 귀를 가지고 있었다고 할 수 있지요. 그러니 얼마나 음악을 많이 듣고 귀를 훈련시켰는지 알 수 있습니다.

세종은 악기를 만들도록 지시만 한 게 아니라. 직접 작곡까지 한 걸로도 유명합니다. 《봉래의》의 한 곡인 〈여민락〉은 '백성들과 함께 즐긴다.'는 뜻을 가진 제목으로. 요즘에도 전통 음악 연주회에서 자주 들을 수 있는 중요한 곡입니다. 《용비어천가》에 음을 붙인 곡이지요. 또한 종묘에서 제사 지낼 때 연주하는 종묘제례악은 우리나라 무형문화재 1호로서. 얼마 전에는 유네스코(국제연합 교육과학문화기구)가 지정하는 세계무형문화유산으로 지정되어 그 가치를 세계적으로 인정받고 있습니다.

과학과 농업을 발전시켜
백성들을 배부르게 하라

"전하. 드디어 김쇄에게서 활자 만드는 비법을 알아냈습니다."

장영실이 황급히 들어와 세종에게 아뢰었습니다.

"오, 그게 참말이오?"

"전하께서 지극한 정성으로 돌봐 주셨으니, 그 은혜를 갚겠다고 하옵니다."

김쇄는 중국의 금속 기술자였습니다. 만주 지방의 야인들에게 잡혀 있다가 조선으로 도망쳐 온 것을 세종이 보살펴 주었습니다. 김쇄는 활자를 만드는 금속의 배합 비율에 대한 기술을 갖고 있었습니다.

그런데 아버지가 중국 출신의 상인이었던 까닭에 자신도 중국말을 잘했던 장영실이 김쇄와 친하게 지내면서 그 기술을 알아 낸 것입니다.

이때 만든 금속 활자는 그전에 있던 고려 금속활자보다 단단했습니다. 그래서 오래 사용해도 글자가 망가지지 않아, 이 시기부터는 책도 더욱 많이 찍어 낼 수 있었습니다.

세종은 이처럼 과학과 기술에도 큰 관심을 갖고 있었습니다. 세종은 천문학자들과 수시로 토론을 벌이곤 했습니다. 그리고 왕궁 안에 천문대를 만들어 별을 관측했습니다. 돌에 하늘의 별자리를 새겨 넣은 '천상열차분야지도'를 만든 것도 이 무렵의 일입니다. 세종이 과학 기술에 관심을 가진 것은 나라를 잘 다스리고 백성들의 삶을 바르게 이끌기 위한 것이었습니다.

"천문을 잘 알아야 날씨를 알고, 날씨를 잘 알아야 농사를 잘 지을 수 있지 않소. 농사가 잘 되어 백성들이 근심 걱정 없이 잘 사는 것이 나의 소원이오."

어느 날, 학자들과 토론을 하다가 세종은 어떤 사람의 이름을

천상열차분야지도

들게 되었습니다.

"장영실이 천문에 대해서 많이 안다 하옵니다."

남양 부사이자 천문학자였던 윤사웅의 말이었습니다.

"장영실이 누구인가?"

"신분은 관노이지만, 그 재주는 따를 자가 없다 하옵니다."

"당장 불러서 그 실력을 보이게 하시오."

한양으로 불려 온 장영실은 천문에 대한 풍부한 지식으로 세종을 기쁘게 했습니다. 세종은 장영실의 노비 신분을 없애 주고, 중국에 가서 공부를 더 할 수 있도록 했습니다. 중국에서 열심히 공부하고 돌아온 장영실은 이제 세종을 가까이에서 모시면서 자기가 배우고 익힌 지식을 실천해야 할 일만 남았습니다.

"농사를 지으려면 시간을 정확히 알아야 하오. 정확한 시간을 알 수 있게 하는 시계를 만들어 보시오."

세종의 명에 따라 장영실과 이천, 김조 등의 학자들이 오랜 연구 끝에 자격루라는 물시계를 만들었습니다. 장영실이 자격루에 대해 설명을 했습니다.

"자격루는 정해진 시간마다 자동적으로 종과 북과 징을 쳐서

저절로 시간을 알리도록 되어 있습니다."

잠시 기다리자. 물길을 타고 굴러 내려온 쇠구슬이 정말로 종을 치는 것이었습니다. 이를 본 세종은 크게 기뻐하며 말했습니다.

"기이하도다. 장영실이 귀중한 보배를 만들었으니, 그 공에 버금갈 사람이 없도다."

궁에서 자격루가 울리면 그 소리를 들은 광화문 종지기는

힘껏 종을 두들겼습니다. 종소리는 한양 전체에 울려 퍼졌고, 사람들은 모두 지금이 몇 시인지 알 수 있게 되었습니다. 그래서 사람들은 광화문 앞길을 종로라고 부르기 시작했습니다.

그 뒤 장영실은 옥루를 만들었습니다. 경복궁 천추전 서쪽에 흠경각을 지어 설치한 옥루는 자격루처럼 일종의 자동시계입니다. 중국의 자동시계와 중국에서 구한 아라비아 물시계에 관한 책들을 읽고 연구한 뒤 우리나라의 실정에 맞게 만든 것인데, 당시 세계 어느 나라의 물시계보다도 뛰어나다는 평가를 받았습니다.

천체 관측기구인 혼천의, 해 그림자로 시간을 알 수 있도록 한 앙부일구, 비의 양을 재도록 만든 측우기 등은 모두 세종의 지시를 받고 장영실과 다른 학자들이 힘을 합쳐 만든 뛰어난 발명품이었습니다.

세종은 그런 발명품

이 만들어질 때마다 백성들이 널리 쓰도록 권장했습니다.

"내가 장영실을 통해 이런 물건들을 만들게 한 것은 오로지 농사에 도움이 되게 하려는 것이오. 그러나 아무리 천문을 잘 관찰하여 날씨를 미리 알게 된다 해도, 농사를 잘 짓지 못하면 나라가 부강해질 수 없지 않겠소."

"그러하옵니다."

신하들은 모두 고개를 숙였습니다.

"상왕께서 펴내신《농서집요》를 내가 읽어 보았는데, 그 내용이 지금의 우리 실정과는 잘 맞지 않았소."

《농서집요》는 나라가 안정되자, 농업 생산력을 높이려고 옛날 농업책에서 중요한 내용을 뽑아 만든 책입니다.

"아무리 작은 땅이지만 우리나라는 곳곳의 날씨가 다르고, 토양도 다르지 않소. 그러니 중국과 다를 뿐만 아니라, 옛글과도 맞지 않소."

"그러하옵니다."

"그러니 여러 도의 감사들에게 각 고을의 경험 많은 농부들을 찾아내어 어떻게 농사를 지으면 곡식이 많이 나는지를 듣고, 적어서 올리라고 하시오. 그 내용을 책으로 엮으면 도움이 많이 될 게요."

세종의 어명이 내려지자 온 나라는 난리 법석이 났습니다. 각 고을의 사또들은 농사 잘 짓는 농부들을 불러 언제 씨를 뿌리며, 언제 김을 매는지 따위를 물었습니다.

이윽고 이 모든 내용들이 기록되어 한양으로 올라왔습니다. 밭을 가는 법에서부터 모내기하는 법, 거름 주는 법, 같은 밭에 두 가지 곡식을 심는 법 등이 상세하게 조사되었습니다. 학자들이 이 가운데 중요한 부분만 골라내고, 필요 없는 부분은 버려서 책으로 간편하게 만들었습니다. 이 책이 바로 《농사직설》입니다.

"이 책을 주자소(활자를 만들어 책을 찍어 내던 부서)에 내려 보내라. 인쇄가 다 되면 온 나라에 돌려, 이에 따라 농사를 짓도록 하라!"

세종은 기뻐하며 《농사직설》을 널리 보급하도록 지시했습니다. 그리고 궁의 뒷마당에 논과 밭을 만들어, 책에 적힌 대로 직접 농사도 지어 보았습니다. 책 읽는 것을 즐기는 세종이었지만, 직접 일을 하면서 얻는 지식도 무척 소중하다는 사실을 잘 알고 있었기 때문입니다.

그해에 궁의 뒷마당에서 지은 농사는 아주 잘 되었습니다. 뜻을 바로 세우고 노력하면 자연으로부터 많은 것을 얻어 낼 수 있다는 확신이 세종의 마음을 즐겁게 했습니다.

새로이 문자를 만들었으니 널리 쓰게 하라

　유교의 도덕 사상에서 가장 중요한 가르침은 삼강오륜입니다. 그 내용은 대개 부모와 자식의 사랑이나 어른에 대한 공경처럼 오늘날에도 사람들이 살아가는 데 중요한 기준이 되는 것들입니다. 조선은 이러한 유교의 가르침을 기초로 해서 세운 나라입니다. 그렇기 때문에 세종은 백성들에게 이런 도리를 널리 가르치고 싶었습니다.

　하지만 왕이 직접 나서서 수많은 백성을 일일이 가르칠 수는 없는 노릇이었습니다. 그렇다면 할 수 없이 책을 펴내 가르쳐야 하는데, 그 책에 쓰인 글자들은 다 중국에서 온 한자였습니다.

"한자를 배우고 익히려면 너무 오래 걸리고, 우리글이 아니어서 표현하기도 어렵소. 농사직설 같은 책도 한문이 아니라 쉬운 글로 씌었다면, 일자무식인 농부들도 쉽게 읽고 더 많은 소출을 올렸을 것이오."

세종은 집현전에서 이 문제를 신하들과 의논했습니다.

"그러면 새로운 문자를 만드실 생각이십니까?"

"그렇소. 나라를 잘 다스리려면 백성들이 글을 모르게 놔둬선 곤란하오. 사람이 배우지 못하는 것만큼 힘들고 괴로운 일이 어디 있겠소?"

"하오나 새로운 문자를 만드시면, 이미 한문을 익혀 사용해 온 많은 사람들이 반대를 할 것이옵니다. 또, 중국의 눈치를 보느라 반대하는 자도 나타날 것입니다."

그 말을 들은 세종이 고개를 끄덕였습니다.

"그래서 나는 집현전 학사들이 도움을 주었으면 하오."

세종은 이미 결심을 굳혔습니다. 새로운 문자를 만드는 일은 일일이 신하들의 의견을 묻기보다는, 스스로 결정하고 빠르게 추진해야 할 일이라고 판단한 것입니다. 널리 알려 봐야 사방에서 반대 상소만 올라올 것이 뻔했기 때문입니다.

그날부터 성삼문, 정인지, 신숙주 등 젊은 학사들이 중심이 되어 말과 글자에 관한 책들을 읽고 공부하기 시작했습니다. 이들은《홍무정운》등의 책을 읽고 모르는 것은 토론을 벌였습니다.

"전하, 한자와 비슷한 문자를 만들면 일일이 그 뜻을 익혀야 하기 때문에 어렵습니다. 전하의 뜻대로 하려면 소리글자라야 합니다."

"내 생각이 바로 그것이오. 우리 입에서 나는 소리들이 몇 가지인지, 어떤 원리에 의해 나는지를 자세히 연구하고 밝혀서, 그걸 글자로 만드는 게 좋겠소. 그 글자들만 합쳐도 얼마든지 글로 적을 수 있을 것이오."

"옳으신 분부이옵니다."

집현전에서는 학사들이 내는 '아'나 '에' 같은 소리들이 끊이질 않았습니다. 한 학사가 입을 크게 벌리고 소리를 내면, 다른 학사가 그 입 안을 들여다보면서 목청이 떨리는지 안 떨리는지, 혀의 위치는 어디인지, 입술의 모양은 어떻게 변하는지 연구했습니다.

막히거나 모르는 게 있으면, 조선과 가까운 요동 지방에 귀양살이를 와 있는 중국 음운학의 대가인 황찬에게 가서 물어보려고 말을 달렸습니다. 성삼문은 하도 여러 번 다녀와서 엉덩이에 굳은살이 박일 정도였습니다.

우리말이 소리 나는 원리를 찾아내는 일이 진행되자, 세종은 궁 안에다 정음청이라는 건물을 지어서 본격적으로 문자를 만들기 시작했습니다.

문자를 만드는 원리는 크게 두 가지였습니다. 자음은 집현전에서 학사들이 구분해 낸 대로, 소리가 날 때 혀의 위치나 입술의 모양 등을 본떠 만들었습니다. 그리고 모음은 하늘(ㆍ)과 땅(ㅡ), 사람(ㅣ)을 기본으로 하여 그 모양을 각기 아래, 위 또는 왼쪽, 오른쪽에 서로 합해서 만들어 냈습니다.

마침내 1443년에 새로운 문자가 완성되었습니다. 사람이 내는 말소리를 분석하여 자음 17자와 모음 11자, 모두 합해 28자의 문자를 만드니, 이것이 바로 '백성을 가르치는 바른 소리'라는 뜻을 가진 훈민정음입니다.

"전하, 훈민정음으로는 무슨 소리든지 다 적을 수 있습니다.

개나 소가 우는 소리까지도 적을 수 있으니 참으로 신통합니다. 게다가 누구나 쉽게 배워 익힐 수 있습니다."

집현전의 학사들은 감격해하면서 세종에게 말했습니다. 그러나 세종은 더욱 신중했습니다.

"그렇지 않소. 사람이 하는 일이니 실수가 있을 수도 있는 것이오. 서둘러 발표하지 말고, 과연 배워서 쓰기에 불편함이 없는지 시험해 보도록 하시오. 더 매만지고 다듬어서 백성들이 쉽게 배울 수 있도록 충분히 고치도록 합시다."

"저희들은 미처 거기까지 생각하지 못했사옵니다."

"훈민정음을 사람들에게 가르치고 써 보게 한 뒤, 충분히 검토가 되면 반포(세상에 널리 퍼뜨려 모두 알게 함)하도록 하겠소."

"예."

그날부터 훈민정음을 직접 가르치고 배우는 일이 궁궐 안에서 벌어졌습니다. 가장 먼저 배운 사람들은 바로 궁녀들이었습니다. 여자이기에 공부할 기회가 없었던 궁녀들은 새로운 글자를 배우는 일에 신이 나서 콩으로도 글자를 만들어 보고, 젓가락으로도 글자를 만들어 보면서 즐거워했습니다.

세종은 훈민정음을 왕자와 공주 들을 모아놓고 직접 가르쳐 보았습니다.

"자. 가에다 ㄱ을 더하면 각이니라. 따라 해 봐라. 각!"

"각!"

그렇게 가르치다 문제가 있으면, 집현전의 학사들에게 더 연구를 해 보라고 다시 어명을 내리곤 했습니다.

그렇게 3년이 지나자 세종은 자신감이 생겼습니다.

"이제 중국의 글자와 다른 우리의 새로운 문자가 만들어졌음을 온 세상에 선포하시오."

"예. 그러면 훈민정음의 머리말을 전하께서 써 주셔야 하옵니다."

신숙주의 말에 세종은 고개를 끄덕였습니다.

"알았소. 내 직접 글을 쓰겠소."

세종은 과연 그 글을 쓸 자격이 있었습니다. 스스로 훈민정음의 필요성을 느꼈고, 만들도록 지시했으며, 자신도 직접 연구했기 때문입니다. 세종은 붓을 들어 글을 쓰기 시작했습니다.

우리나라 말은 중국과 달라서 중국 글자인 한자로는 서로 뜻을 통할 수가 없다. 그래서 한자를 배우지 못한 백성들은 하고 싶은 말이 있어도 글로 그 뜻을 널리 펼치지 못했다. 이것이 안타까워 새롭게 스물여덟 자를 만들었으니, 이 문자를 쉽게 익혀서 백성들로 하여금 날마다 쓰는 데 편하게 하고자 할 따름이다.

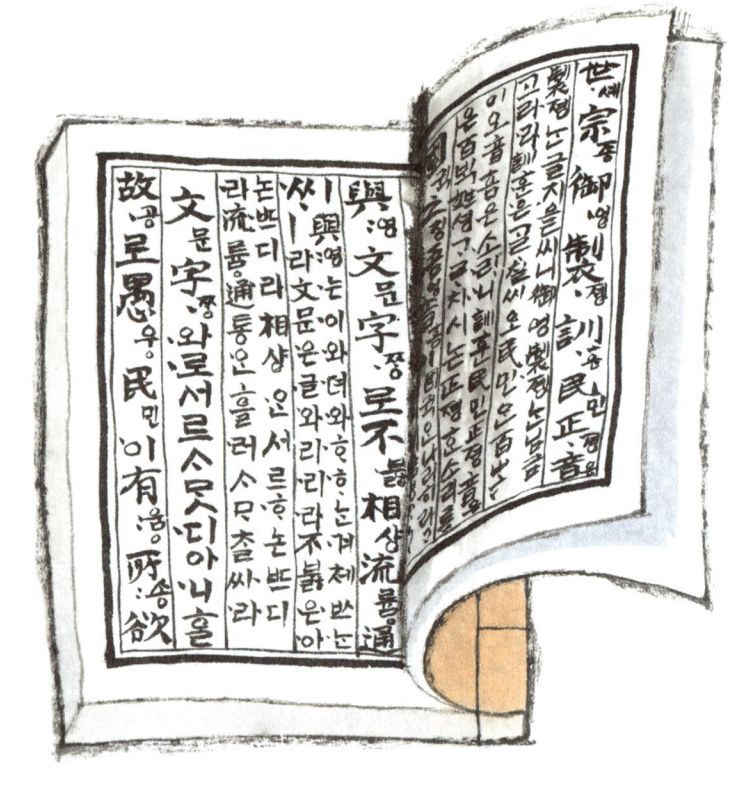

세종은 이렇게 훈민정음을 반포했지만, 양반들은 한자에 익숙하기 때문에 쓰지 않으리라는 사실을 잘 알고 있었습니다. 그래서 어떻게 해서든 한글을 쓰고 익히게 하려고 했습니다.

"선왕들께서 큰 뜻을 품고 조선이라는 나라를 세운 지 꽤 세월이 지났소. 벌써 내가 네 번째 임금이니 말이오. 그러니 이제 우리 선왕들의 업적을 훈민정음으로 적고 노래로 만들어 보시오. 그러면 많은 백성들이 즐겨 부르면서 훈민정음을 쉽게 익히고, 조상님들의 은덕에 대해서도 배우게 될 것이오."

세종은 가장 믿는 신하인 정인지와 권제에게 이런 명령을 내렸습니다. 이들이 먼저 모범을 보여야 다른 양반들도 따라 할 것이라고 생각했습니다.

세종은 둘째 아들인 수양대군을 불러서는 이렇게 명했습니다.

"비록 우리나라가 유학을 존중하지만, 내가 불교의 가르침을 따르는 것은 너도 잘 알 게다."

"예, 아바마마!"

"그래서 하는 말인데, 너는 석가모니의 일생을 다룬 책을 훈민정음으로 써 보거라."

수양대군도 이미 아버지 세종에게서 훈민정음을 배웠기에 고개를 깊이 숙이며 대답했습니다.

"재주는 없사오나 써 보겠나이다."

그리하여 수양대군이 직접 쓴 책이 바로《석보상절》입니다. 이 책은 오로지 훈민정음으로만 지은 것입니다.

"오, 참으로 잘 썼도다. 우리말의 소리를 그대로 쓰니 더욱 감동적이구나. 그렇지. 이럴 게 아니라 나도 왕으로서 뭔가 모범을 보여야겠다."

그리하여 세종은 책을 석가모니의 공덕을 찬양하는 노래를 실은《월인천강지곡》을 지었습니다. 뿐만 아니라 벼슬아치들이 쓰는 문서에 훈민정음을 꼭 쓰게 했고, 관리를 뽑는 시험을 볼 때에도 반드시 훈민정음을 잘 사용하는지를 살피게 했습니다.

이렇게 위에서부터 모범을 보이니, 훈민정음이 백성들 사이에 퍼져 나가는 건 그리 어렵지 않았습니다. 누구보다도 글을 몰라서 자기가 하고 싶은 말을 마음껏 전할 수 없었던 여성들 사이에서 훈민정음은 빠른 속도로 퍼져 나갔습니다.

훈민정음이 창제된 뒤로 백성들의 말과 글은 커다란 변화를 겪었습니다. 그토록 많은 일을 한 세종대왕이지만, 훈민정음이라는 문자를 만들어 낸 것이야말로 가장 큰 업적으로 손꼽히고 있습니다. 세종이 다스리던 시기의 조선은 세계 어느 나라와

견주어도 뒤지지 않을 만큼 문화와 과학 기술이 활짝 꽃피었습니다.

"여봐라. 게 아무도 없느냐?"

찬바람이 모질게 불던 초겨울의 어느 날, 세종은 자리에서 일어나다가 갑자기 뒷목이 당기는 것을 느끼며 쓰러졌습니다. 방 밖에 있던 내시가 급히 달려왔을 때 왕은 이미 정신을 잃은 뒤였습니다.

"마마! 정신을 차리시옵소서!"

이내 부름을 받고 달려온 어의(궁 안에서 임금이나 왕족의 병을 치료하던 의원)가 세종을 진찰한 뒤 말했습니다.

"상감께서는 풍을 맞으셨습니다. 모든 일을 내맡기고, 그저 건강만을 위하셔야 합니다."

세종은 어려서부터 책만 좋아하고 운동이 부족해서 몸이 약했습니다. 게다가 오늘날에는 당뇨병이라 부르는 '소갈증'을 앓아서, 늘 눈이 침침하고 건강도 좋지 않았습니다. 그런데 이제는 중풍이 들어 꼼짝없이 병석에 눕는 신세가 되고 말았습니다.

다행히 나랏일은 일찌감치 세자에게 물려주었기에 학문에 전념할 수 있었지만, 이제는 나이를 이기지 못하게 된 것입니다.
　"아직도 나라와 백성을 위해 할 일이 많은데, 벌써 하늘이 날 오라고 하는구나."
　세종은 병석에 누워서도 나라 걱정이 많았습니다.
　전국 방방곡곡에서 내로라하는 의원들이 몰려와 세종의 병을 치료하려 애썼습니다. 그러면 세종은 또 의원들과 병에 대한 토론을 벌이곤 했습니다.
　"나는 임금이니 이렇게 의원들을 만나 병을 치료받지만, 백성들은 어찌하겠느냐? 그러니 의학에 대한 책도 만들도록 하라!"

그래서 집현전 학사인 김예몽 등이 중심이 되어 궁 안의 의관들을 불러 모으고, 왕자인 안평대군이 감수를 맡아서 의학 백과사전을 만들게 했습니다.

"전하, 책이 완성되었습니다."

몇 년 뒤, 신하들이 완성된 책을 가져와 보여 주자, 세종은 병석에서도 흐뭇해했습니다.

"내가 말한 대로 했겠지?"

"예. 전국에서 구한 의학 서적 153종을 참고로 해서 365권으로 만들었습니다. 질병을 95종류로 나누고 증상을 소개한 다음, 간단한 약과 치료 방법을 적었습니다."

"수고들 많았다."

세종이 흐뭇해하면서 살펴본 책들은 바로 세계 3대 의학 백과사전의 하나였던 《의방유취》였습니다.

이렇게 나라의 기틀을 다지고 찬란한 문화의 꽃을 피웠던 세종도 운명을 거역할 수는 없었습니다.

"이제 나는 저세상으로 가야 할 것 같다. 세자야, 내가 없더라도 나라를 잘 지키고 백성들을 자식처럼 잘 돌보도록 하라."

이 말을 끝으로 세종은 눈을 감았습니다. 아직 쉰네 살의 젊은 나이였던 1450년이었습니다.

백성들의 통곡 속에서 불교식으로 장례가 치러졌습니다. 그러고 나서 세종이라는 묘호를 붙였습니다. 우리가 세종이라 부르는 것은 묘호를 붙인 다음부터의 일입니다.

32년 동안 임금으로 있으면서 우리 역사상 가장 찬란한 시대를 이끌었던 위대한 성군 세종대왕은 이렇게 삶을 마무리했습니다.

세종대왕이 이룬 것이 참 많지만, 그중에서도 세계에서 가장 뛰어난 문자인 훈민정음을 우리 겨레에 남긴 업적은 영원히 이어질 것입니다.

오늘날 유네스코가 나서서 자기네 문자가 없는 민족들에게 한글을 도입해서 가르치려는 것만 보아도, 훈민정음이 얼마나 과학적이고 뛰어난 문자인지를 잘 알 수 있습니다. 뿐만 아니라, 유네스코는 세계 각국에서 문맹을 없애는 데 앞장서 온 사람이나 단체를 뽑아 '세종대왕상'을 수여하고 있습니다. 한글은 이미 유네스코가 지정한 세계기록유산으로도 등록되어 있습니다.

한글로 씌어진 최초의 책
용비어천가

훈민정음을 널리 알리기 위해

1443년, 세종은 훈민정음을 만들어서 백성들에게 알리고 널리 쓰도록 장려했습니다. 중국의 한자가 아니라, 순수한 우리글에 생각과 감정을 담자는 것이었지요. 그러나 한문에 익숙했던 사람들은 좀처럼 훈민정음을 쓰려고 하지 않았습니다. 이에 세종은

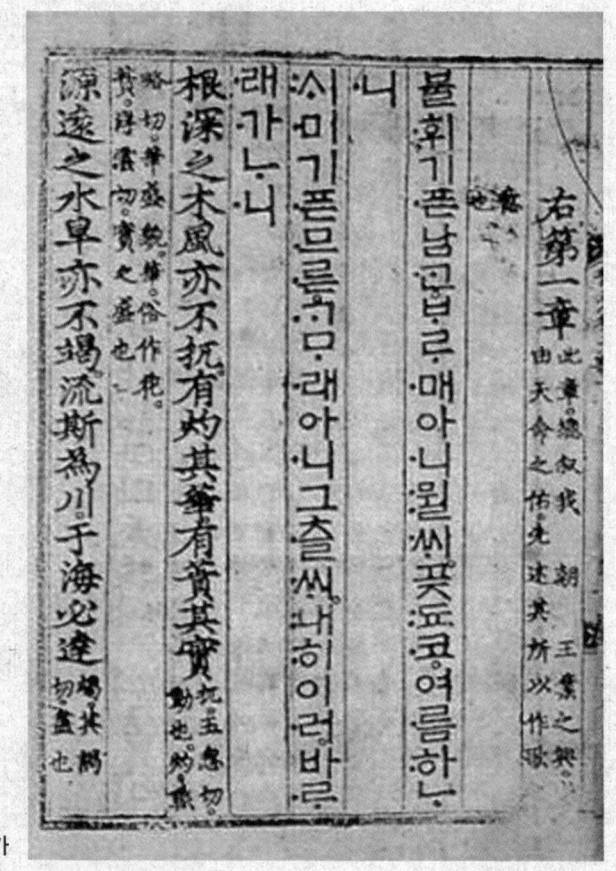

용비어천가

정인지, 성삼문, 박팽년 등의 집현전 학사들로 하여금 훈민정음으로 《용비어천가》를 만들도록 했습니다. 《용비어천가》는 1445년 4월에 편찬하여 1447년 5월에 간행되었으며, 한글로 쓴 최초의 책이기도 합니다.

모두 125장으로 되어 있는 노래책

海東(해동) 六龍(육룡)이 ᄂᆞᄅᆞ샤
古聖(고성)이 同符(동부)ᄒ시니
불휘 기픈 남ᄀᆞᆫ ᄇᆞᄅᆞ매 아니 뮐씨
ᄉᆡ미 기픈 므른 ᄀᆞᄆᆞ래 아니 그츨씨

이것은 125장의 노래 형식으로 만들어진 《용비어천가》에서 제1장의 내용입니다. 무슨 뜻인지 알기가 어렵지요? 그것은 처음 만들어졌을 때의 훈민정음이 지금 우리가 사용하는 한글과 조금 다르기 때문입니다. 언어는 시간이 지남에 따라 조금씩 변화합니다. 위의 문장을 지금의 말로 풀어 쓰면 이렇게 됩니다.

우리나라에 여섯 용이 나시어

하는 일마다 하늘의 복을 받으시니

이것은 옛날에 성인들이 하신 일과

부절을 맞춘 것과 똑같습니다.

뿌리가 깊은 나무는 바람에 움직이지 않으므로

꽃이 좋고 열매가 많습니다.

샘이 깊은 물은 가뭄에 그치지 않으므로

내를 이루어 바다로 흘러갑니다.

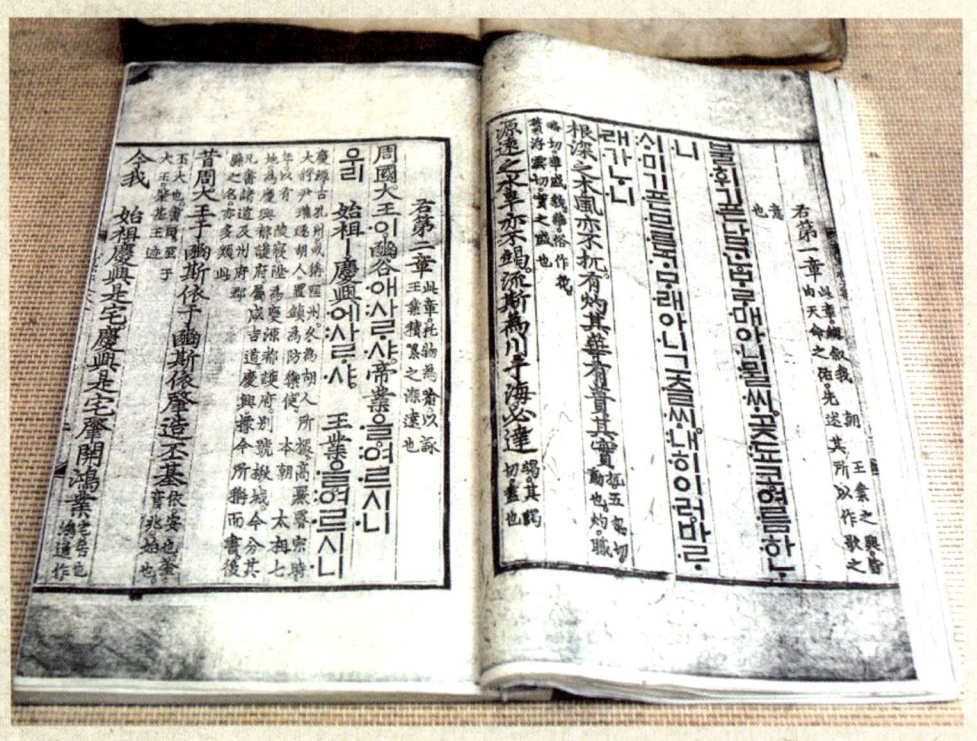

용비어천가 1445년(세종 27) 4월에 편찬되어 1447년(세종 29) 5월에 간행된 조선 왕조의 창업을 찬양한 노래책

여기서 말하는 우리나라의 여섯 용은 조선을 세운 태조 이성계의 여섯 할아버지를 말합니다. 또한 많은 꽃과 열매를 맺는 뿌리가 깊은 나무와, 가뭄에도 그치지 않는 샘이 깊은 물은 풍요롭고 행복하게 영원히 발전하는 나라를 뜻합니다. 《용비어천가》는 조선의 건국을 찬양하면서, 후손들이 나라를 잘 다스리려면 어떻게 하는 것이 좋은지를 이야기하는 책입니다.

지금은 볼 수 없는 글자 'ㆍ'

그런데 위의 글을 보면 지금은 쓰지 않는 글자가 보이지요? 바로 '아래아'로 불리는 'ㆍ'입니다. 발음은 지금의 'ㅏ'와 비슷하다고 합니다. 이처럼 세종이 처음 만들었던 한글은 지금과는 약간 달랐습니다. 당시에는 지금은 쓰지 않는 ㆍ, ㅿ, ㆁ, ㆆ 등의 네 글자가 더 있어서 모두 합해 스물여덟 글자였다고 합니다. 《용비어천가》는 세종 당시의 우리말과 우리글의 모습을 알 수 있게 해 주는 귀중한 자료입니다.

세종대왕 연보

1392년 고려가 망하고, 태조 이성계가 조선을 세움
1397년 4월 10일(음력), 태종 이방원의 셋째 아들로 태어남
1408년 충녕군이 되고, 심온의 딸과 결혼함
1412년 충녕대군이 됨
1418년 세자로 책봉되고, 8월에 왕위에 오름
1419년 이종무에게 대마도를 정벌하게 함
1420년 집현전을 확대하고 학문 연구 기관으로 삼음
1423년 화폐 '조선통보'를 만듦
1427년 박연이 편경을 만듦
1429년 정초, 변효문 등에게《농사직설》을 만들게 함
1431년 아악을 정비하고,《향약집성방》을 편찬케 하고 2년 뒤 간행함
1432년 《팔도지리지》,《삼강행실도》를 편찬함
1433년 4군을 개척하여 국경이 압록강에 이름
1434년 해시계인 앙부일구를 발명함
1441년 측우기를 발명함
1443년 훈민정음을 창제함
1445년 《용비어천가》,《의방유취》를 편찬함
1446년 훈민정음을 반포함
1449년 《월인천강지곡》을 훈민정음으로 간행하고,
6진을 완성하여 국경이 두만강에 이름
1450년 2월 17일(음력), 세상을 떠남

바른 우리말을 배울 수 있는 누리집

한글학회 http://www.hangeul.or.kr/
우리말과 우리글의 연구를 위해 주시경 선생을 비롯한 여러 뜻있는 사람들이 1908년에 세운 단체입니다. 처음에는 '국어연구학회'라는 이름이었으나, 1949년부터 한글학회로 이름을 바꿨습니다. 한글학회의 누리집에서는 기관지인 《한글》의 내용과 우리말 맞춤법 등을 볼 수 있습니다.

국립국어원 http://www.korean.go.kr/
우리나라의 말과 글에 관한 연구를 책임지고 맡아서 진행하는 곳입니다. 이곳에서는 국어 연구에 필요한 자료를 조사하고, 말과 글에 대한 규칙을 바꾸기도 합니다. 국립국어연구원의 누리집에서는 한글 맞춤법과 표준어 규정 등 우리말에 대한 규칙을 찾아볼 수 있고, 각종 자료들을 얻을 수 있습니다.

디지털한글박물관 http://www.hangeulmuseum.org/
한국어세계화재단에서 한글을 널리 알리기 위해서 만든 누리집입니다. 한글의 역사, 형태 등에 대한 자료와 우리말 바로쓰기에 대한 각종 연구 자료들이 담겨 있습니다.

우리말배움터 http://urimal.cs.pusan.ac.kr/urimal_new/
한자어나 외래어를 우리말로 순화시키는 작업을 하는 누리집입니다. 이곳에서는 순화된 우리말 단어들을 배울 수 있습니다.

한글문화연대 http://www.urimal.org/
외래어의 홍수 속에서 사라져 가는 우리의 말과 글을 지켜서 우리 문화와 학문을 발전시키기 위해 여러 분야의 전문가들이 모여서 만든 단체입니다. 《한글 아리아리》라는 기관지를 만들고 있으며, 우리말을 이용한 각종 자료들이 담겨 있습니다.

한글사랑관 https://www.cbec.go.kr/home/main.php
충청북도 청주에 있는 한글 박물관입니다. 이곳에는 한글의 창제와 역사에 관한 자료들과 바른 한글 사용에 대한 자료들이 있습니다. 다른 지방에 살고 있는 어린이들은 직접 찾아가기가 힘들겠지만, 전시된 자료들이 소개되어 있는 누리집을 통해서 한글에 대한 다양한 정보를 얻을 수 있습니다.

MBC 우리말나들이 http://www.imbc.com/broad/tv/culture/hangul/
쉽고 재미있게 올바른 우리말을 배울 수 있도록 만든 프로그램입니다. 매주 월요일부터 금요일까지 방송하고 있으며, 누리집에서 다시보기를 할 수 있습니다.